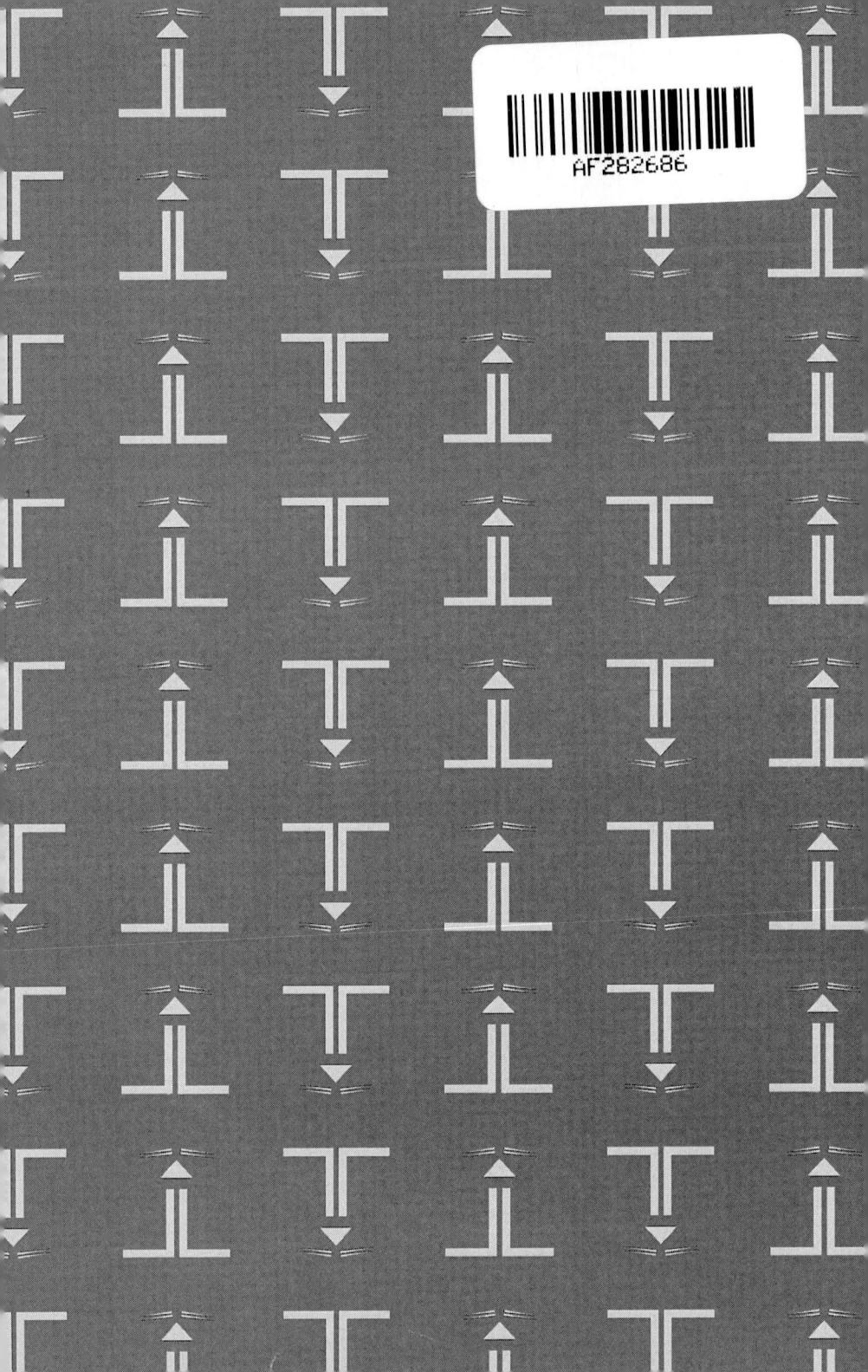

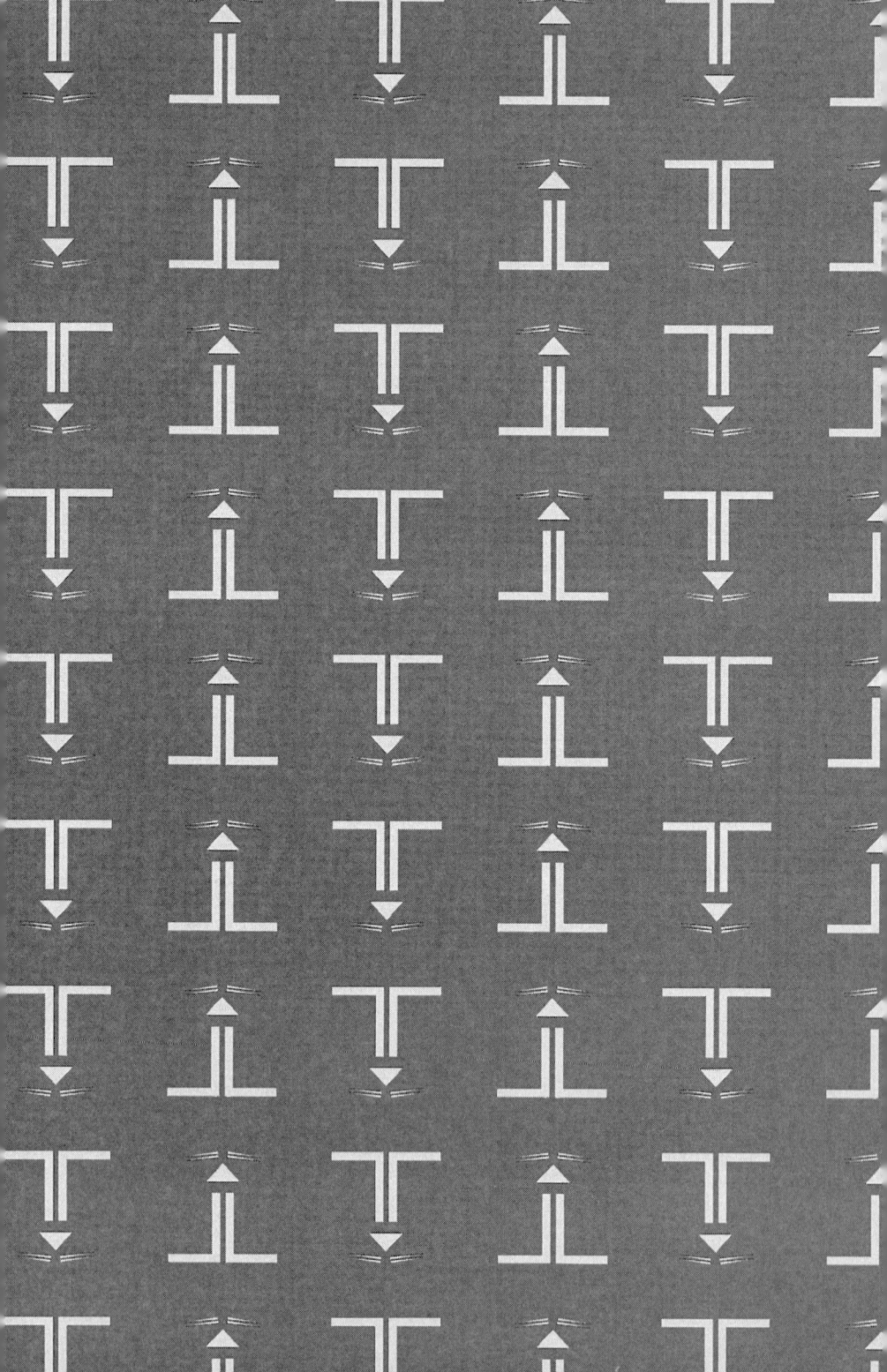

CIEN CIGÜEÑAS

Poesía reunida 2010-2023

SUSANA OBRERO

TIGRES DE PAPEL

Primera edición, 2024

© Susana Obrero Tejero
© Imagen de cubierta: Mario Obrero

© De la presente edición, Ediciones Tigres de Papel
C/Camino de Orusco, 19, chalet 7
28560 Carabaña (Madrid)
www.tigresdepapel.es
info@tigresdepapel.es

ISBN: 978-84-126970-7-0
Depósito legal: M-4730-2024
Impreso por: Industrias Gráficas Afanias

CIEN CIGÜEÑAS

Poesía reunida 2010-2023

Gorrión magnífico
invitada de honor Doña Espuma de Mar
autoridades poéticas
alumnos y familiares de los trigos
elegid un árbol antes de fundar una ciudad
atentos al ruido de la fotosíntesis en los bosques
lo que cabe en el cuenco de una mano
la infinidad de formas de cruzar un puente
de manejar con gracia las ideas
los átomos de polvo que danzan en los rayos de sol
a dónde van cuando no hay sol

ADIÓS MAMUT

Y lo oye de agua en ese mismo instante y lo enciende
de amor para que hable por sí solo.

«Razón de nadie», J.M. ULLÁN

Adios mamut

I

Pasos que nos trajeron aquí
algunas flores grandes y cuadradas
las hadas que escalan el Monte Blanco
libros con olor a chocolate
los niños de la escuela pública llegan a astronautas
jugar a felinos era ocasión de abrazo y risa

bailan los albatros antes de la boda
ahora soy yo la niña
meter las manos en el caldero donde hierven
                              [transparentes las palabras
como tirar dardos en la niebla
quiero contarte y no recuerdo tu nueva lengua
cuántas nubes guarda esta noche
para ser puerta alguna vez habrás de abrir o cerrar

II

mira

ese bosque no está terminado
la valentía es no clasificar

el renacuajo deja huella
esa manía en la insistencia
mejor aceite dulce de olivo joven
vuela limpio tu canto leve y de aire
el primer invierno de las cerezas
un microscopio en cada ojo para ese runrún
[de lo pequeño

cabe la ética toda en un arbusto guapo y despierto
es un querer absoluto
unos días otros la tarara viene a la escuela
explica lo que piensa el río
también un coro de silencios
así avanza la tarde

III

el yo poético te invita a una fiesta de disfraces
vale dormirse de mentira
en la memoria de mi mano
siempre
tu manita de niño

IV

ya vieja leeré tus poemas-infancia
volveremos a los días de linterna y caracoles
bolsillos llenos de bellotas
campanas bajo la lluvia
el crujir de una uva

a la pata coja llega la emoción al poema
baja cada luna a por una pizca de memoria
importa no perder el hilo
con lo que falta de cada cosa
con todo lo que aún no se ha hecho
días de playa en los que no te bañaste
piezas perdidas

qué guardarías en el primer cajón
lo temprano que tu voz amaneció
la magia de construir un triciclo
es un amor que viene de tan atrás
tanto tanto

tú y yo en la cueva contándonos cuentos
dejemos hoy también escapar al mamut
nuestro lenguaje
esa
es la tarea

Me gustaba dibujar conjuntos y colorear intersecciones con rayitas
que se cruzaban en ese espacio que es de todos lugar de fácil
respiración que no es memoria ni recreo la fiesta de triángulos
y círculos hablando una misma lengua hecha de colores y no de formas

Escribir poemas sin leerte el diccionario entero
cada día se rompe la realidad
ser público en un teatro es actuar
si se derrumba la tarde antes del café
la condición de pobre se nota hasta cuando cruzas
                              [un paso de cebra
precisa un espejo el barco de papel
el arqueólogo que besa el hallazgo y lo vuelve a enterrar
tú silbabas en la escalera
ese hablar pájaro era chorro y luz
hay en el mar agua fría y agua caliente
le crecen al ciervo cuernos de doce puntas
cuernos que nacen terciopelo y acaban hueso
en el salón con el techo lleno de golondrinas alargas
                              [la pregunta
hasta dónde es posible
el astronauta recién jubilado pasa el día mirando nubes
juega a campo abierto
vale una vida toda estar en tu poema

tres de la tarde
el invierno es menos
retrocede 20 años
a ese lugar del que se vuelve cantando

Debería haber una palabra para las patitas de los gorriones
en la playa un niño corre
su alegría persigue al aire
o al revés
una jirafa recién nacida pesa más que yo
el gallo lúcido canta a media mañana
qué pasó ángel mío
todo mamífero quiere una madre guapa
a mí me gusta mirar las montañas desde abajo

hoy me corren ardillas por la cabeza
qué extraño todo
llega el día que te juzga
y el aire juega con el visillo como si no supiera

Corre el tiempo por la mano que en pizarra escribe
extraña y seda
¿eres río o afluente?
cuándo estarás contigo turbulencia
oyen estas campanas los animalitos de Leonora
busca en lo subterráneo invisible
los marcadores de origen
un linaje anfibio
la estirpe del jazmín
aquí nuevo azar escribiendo un poema
este privilegio tan hondo
ahora juega a estar loca
ahora sensata
el bebé encuentra su pie y no sabe que es suyo
igual duerme tu guitarra
dentro y fuera al mismo tiempo
vas a hundir el alféizar refugio y confluencia
una carta que huele a croissant y a viaje
el relincho en sus gargantas
bombilla y flor

que nunca nos falte el miedo
para el ornitorrinco lo raro qué
mejor si la lupa también es miope

la poesía
tan clara como cuando te miraba tu padre
polifonía silenciosa
axiomas borrachos de luz en los tejados

YO TAMBIÉN UN POCO

*y salen del brazo con la brisa del anochecer a celebrar
el cumpleaños de los árboles y escriben partituras para el
timbre de las bicicletas*

«La casa roja», JUAN CARLOS MESTRE

Por qué voy olvidando tu cara
si aún recuerdo la tabla periódica
reconozco el condicional compuesto de indicativo
pero perdí la imagen donde me contabas cuentos
quiero reclamar al encargado
la relación de recuerdos que conservo no es
podría borrarme por favor donde nacen los ríos de España
y ponerme en su lugar un día de colegio

tampoco necesito de verdad se lo digo
la división celular y sus fases
me lo cambia por el verano que descubrí una playa
siento que al hacer la compra
he llenado el carro con coca-colas y panchitos
ahora no tengo qué cenar
conservo datos inútiles
y no sé dónde estaba la primera vez que granizó

tengo hambre
me sobran cosas
me falta pan

Sólo tú me regalas piedras
tesoros antiguos que manos de niño
rescatan del mar de tu colegio
piedras grandes y menudas
con forma de ojo y de bastón
piedras suaves porosas o arrugadas
piedras como joyas incunables
dormidas en los bolsillos de tu babi
piedras envueltas en ternura
con olor a Nenuco y a macarrones
piedras recién nacidas
que van a crecer como tú
con arena y besos

Dónde se quedó lo que no te dije
no he podido contarte dónde tienen mis hijos
                                    [cosquillas ni
por qué algunas noches me pongo a pasear
no sé dónde guardé los momentos
para que no se fueran contigo
los dispersé por mis cajones y por mi vida
y aparecen a cualquier hora
en cualquier sitio
tus recuerdos me dejan huérfana cada día
siento que tu ausencia me acompaña
como el silencio va unido a la música
y lo que no te dije
se quedó conmigo
como tú

VIOLINES Y PANDERETAS

La poesía es dar nombre a las cosas: el nombre por el que serán, en adelante, conocidas.

«Agenda», José Hierro

Antes de hervir ya quema el agua

todos tenemos nuestra Pompeya particular
y queremos acariciar gatitos aunque tengamos alergia

el descapotable justo cuando llueve
dos varillas flacas sujetan al flamenco
y los pingüinos son aves que nadan
las ganas de construir nos convierten en hormigas
el trabajo en equipo mejora la producción
porque no todos los pelícanos llenan el buche

hay gárgolas tontas en las catedrales
y carniceros que venden insensibles lenguas y corazones
gente que se entusiasma con un gorro o mirando de lejos
                                        [los puentes
la conversación son los otros
el principito firmó una hipoteca en el asteroide B612
abrázate a un semáforo sonríele a un avión
escóndete en la despensa
saca un boli y escribe un poema en la caja de las galletas

A los feriantes corraseñoraquemeloquitandelasmanos,
a los cómicos titiriteros a las mujeres que llevan una cabra dentro cuentistas
y viajantes que se ríen del hambre y de la pena vamos cara guapa
dame una alegría y dime dónde está la bolita

Silencio

no tengo música que añadir

mi melodía es una partida de dominó en una mesa de mármol
eso sí
una mano arrugada acaricia la piedra entre golpe y golpe

no tengo música que añadir

busco pentagramas olvidados en los bolsillos de la tarde
corcheas que se desprendan del pico de la cigüeña
ritmo de verso que avanza con muletas a la pata coja

no tengo música que añadir

siempre es de noche y el grillo está dormido

Carpe diem
no guardes la risa para mañana
sólo ahora
la tierra mojada
las cosquillas
o la picadura de avispa
no volverás a tragar la misma saliva
el movimiento es tu casa y llaman a la puerta
único previo a este pestañeo
la lágrima seca los charcos caducan

cambian en las vitrinas los recuerdos
y los abrazos no descongelan bien

Ayer se te cayó tu primer diente
el hueco que ha dejado en tu boca es una ventana
                                                    [abierta
me asomo y te veo alejarte mientras creces
quiero cerrar esa ventana y que el aire futuro no enfríe
                                                    [este abrazo
tu eclipse de diente es otro parto que nos separa
pero tu sonrisa aún de niño hace que esconda el miedo
                                        [en los bolsillos y ponga
junto a tu diente mis coletas bajo la almohada

PUENTES DE CARTÓN

Puedo estar feliz. Cae la casa,
pero mis hijos huyeron al bosque con la cabeza llena de pájaros.

«El pueblo de la noche», Manuel Rivas

Esperar por si las palabras llegan
acaso no ves las señales
para qué puse un faro en cada cruce
tendieron cables y ahora parecen postes de la luz
se columpian las golondrinas y un viernes colgó dos
                                        [playeras viejas
como castañuelas quedaron tristes al balanceo
nunca mar abierto
sólo pescarás en la orilla
aunque tiendas la ropa en el rojo del arcoíris
acomodar el grito las mareas los hijos el subsidio
y sentarte en un banco

a esperar

como espera una neandertal que pinta con su
                                        [menstruación

Migraciones
mujeres con nidos en la cabeza que nunca serán hogar
                                        [de aves
muchachos listos miran el mundo por el agujero
                                        [de una rosquilla
madres que besan el azúcar pegado a los mofletes
                                        [y aprenden esperanto
algunos pájaros eligen volar a ras de suelo y se
                                        [enamoran de gatos
lugares donde crecen flores azules
unos lenguados revolucionarios juegan a saltar
                                        [las cadenas que someten a la ría
no amanece si al menos no hay diez clientes esperando
compréndalo señora
no gano ni para el combustible
sobre los cañones miles de mosquitos esperan la noche
el alquiler de conchas está difícil para el cangrejo
                                        [ermitaño
algunos pulpos preparan sus papeles
el niño de la rosquilla ahora es fotógrafo y sabe inglés
se marcha navegando sobre un bloque de hielo

Privatizaron la risa las vocales y las palabras esdrújulas
pero qué poeta puede mantenerse en huelga muchas noches

privatizaron los hormigueros la lluvia el color verde
                                                    [y el olor a pan
y la rama
a cuántos pájaros puede sujetar antes de partirse
privatizaron las cosquillas los deseos y las semicorcheas

ironía se encoje de hombros y busca en su bolsillo
                                [clandestino mercenarios que
aún no se hayan puesto el pijama
los dictadores desayunan cola-caos calentitos cuidan sus
                                                    [mechas y graznan
fuentes no oficiales confirman que
a pesar de todo
las trenzas de las niñas se empeñan en volar

Interrupciones o poesía colateral

los centros comerciales están plagados de maquis
y en las barricadas sólo se oye
el teléfono al que llama está apagado o fuera de cobertura

en esto no hay poesía, quizá si metiera entre tus rizos una pluma
de carbonero común y tú dijeras que es de jilguero y yo sonriera
¿la revolución?
disponibilidad únicamente lunes y miércoles de 6 a 8 a
partir de octubre claro
y lanzamos hojas a navegar por el río asustando a los garapitos
[de la orilla
leer sólo reales decretos que regulen la incertidumbre
consumir pequeñas rabietas y atentados terroristas
indignarse moderadamente empatizar en espacios con wi-fi
[emocional

sin camiseta dibujaste en el tronco de un árbol otro árbol dile
[adiós a esta familia de setas
cualquiera puede ser presidente su comunidad de vecinos
[le ayudará
los langostinos en las pescaderías de barrio
hacen campaña electoral para las próximas municipales

y esperamos sentados a que los árboles se tragaran la luz
                              [y el cielo se sonrojara
cada vez más rojo más negro más rojo

poder si los mercados financieros no deciden lo
                    [contrario cruzar la jungla en
chanclas de dedo pero no cancelar la cuenta del banco
                         [desaparecer en Twitter o
anular esta permanencia en Vodafone

tú perseguías un gato cuando se fue la poesía

desde el sofá frente a un plasma que pagar en 12
                         [cuotas sólo encoger los
hombros y cambiar de canal si la cosa se pone fea

en el bosque el carbonero común lee un manifiesto ante
                              [miles de garapitos
que aplauden en el río

la familia de setas inicia una huelga de hambre indefinida

Un jueves de lluvia la poesía cayó en mis brazos

en las calles perros con abrigos pasean sobre cartones
                                                    [de vagabundos
queda tanto por desenterrar
nos llenaron los ojos de letra pequeña
y ahora ciegos avanzamos hacia el acantilado
quemad los libros gritan mientras dormimos
nos repiten que somos libres
y en las fosas comunes tantos ojos abiertos

Poesía fanerógama
anidar en el alfabeto siempre a estribor
piloto de triciclos y submarinos de mimbre
mediador de maullidos o grafólogo de contorsiones

se me cayeron los poemas de leche y este enjuague
[acústico
deja churretes de palabras en acrobacia
el padre de los poetas huérfanos en su poema limusina
[nos llevó a la frontera
cuida del afluente dale la llave del domingo

las castañuelas aplauden la estética del funambulista
y reparten infusiones de alegría para todos
también el esquimal desafía al carámbano

el panadero de palabras con su abrazo eólico nos deja
en lo alto del trapecio
sin miedo a la pirueta de porcelana

EL HUESO DE UN ALBARICOQUE

Ante el peligro el cohombro se divide en dos:
una parte la entrega para ser devorada por el mundo,
con la otra huye.

«Si acaso», WISŁAWA SZYMBORSKA

Soledad rodeada por la vida.
Oscura soledad que busca un ilimitado horizonte.

«Islas», MARÍA ZAMBRANO

Todo lo que escribí ayer
sedimentos sobre los que hubieran caminado mil ríos
cuánto pesa un día
un pájaro no quiere convencer a nadie de nada cuando
                                              [vuela
existen los imposibles que están muy cerca

el ser humano
capaz de mandar en un cohete a las moscas de la fruta
no ve las estrellas cuando es de día
pensaron hacer un museo con los pañales de los
                                              [astronautas

mientras la alegría de pies descalzos
en los pecios del Mediterráneo
bajo la lluvia de cadáveres
hay gente que habla con los gorriones
y madres
amamantando el hueso de un albaricoque

Primero la sentencia el juicio vendrá después.

Ya ni la ficción es refugio

el juego no es cumplir las reglas
mira el escondite
hay que equivocarse

el titiritero
a la intemperie de hilos delicados
en el lado del espejo donde nada flota
y los gatos cruzan por el paso de cebra

una marioneta le dijo a otra en la cárcel
no sé qué hacemos aquí

los que llevan años escondidos
ya no saben jugar

dónde guarda un pájaro lo que piensa

Si pudiera calcular el algoritmo de lo que no me pasa
se especializan las células en nosotros
unas deciden ser corazón
otras esfínter
en el alféizar dentro y fuera es posible
los fractales todo lo que circula por un cordón
[umbilical
ruido de pájaros
esperar que líquenes crezcan en estos poemas
hay miles de hombres con marionetas en las manos
ponen a un girasol para que enseñe a las placas solares
[a moverse bien
llegas pronto al laberinto
con tu camisa de meridianos y paralelos
preguntan profe las ardillas son todas chicas
escribes como partícula te leen como onda
y corre tanto la luna por las noches
me preguntan cómo se llaman los afluentes que salen
[de los ríos
vale con que no le quites el agua al árbol

Cae la hoja para que tú la veas

de dónde sacaste que había un dóberman por aquí
detrás de decorados simples duermen las ratas
por la calle un loco firma cheques en servilletas de bar
[y las regala
toma para que te compres lo que quieras
para que no haya pobres
no sé
si es voluntad de la piedra caer
paseas por una playa
y parece imposible que
a la vez
lo otro
tantas noches
cuando la luna se marcha
se oye ladrar a un dóberman

Todos al fuego
empujando en el caldero al vecino hacia abajo
si la intemperie fuese transparente
podríamos estirarnos el cerebro alguna vez
y ver cuánta pelusa llevamos dentro
ayuda a la supervivencia todo lo que da placer
las células del domingo
la cosmovisión de andar por casa
el libro que se duerme en las manos
existen los amores cuánticos que a la vez son y no son
llévale una silla a ese árbol y que se siente un rato
¿podría el malestar marcharse de vacaciones?

Qué busca la niebla en agosto
a nadie le gusta hacerse rico vendiendo ataúdes
no hacemos más que construir pasado
hay niños que se empeñan en nacer cuando sólo
                    [quedan dos minutos para las doce
y otros que se ponen las gafas de bucear en cuanto
                            [huele a verano
mi papá es astronauta le vi en la tele cuando vuelva
                    [será joven y yo tendré 74 años
es un derroche exponencial tantas pepitas en cada
                            [sandía
somos los personajes de nuestra novela buscando
                        [siempre palabras medicina
qué tiempo tarda un recién nacido en perder su
                        [identidad anfibia
lo que somos
está en esa parte del cerebro a la que no llegas por
                    [muchos colchones que levantes
estamos en todo lo que no sabemos
estamos en el lugar donde perdimos las escamas

Hay quien se pone tacones para escribir desde más arriba
mejor no actúes ni te subas a ningún cerro a gritar nada
lo primero es desnudarse
también la piel y las quemaduras de la memoria

plantar un jardín
es vestir a la naturaleza de domingo
peinarla en exceso
lavar sus rodillas con estropajo
ahogarla en vestidos a la moda de Madrid

y está bien ser nadie
porque nos hemos mirado a los ojos
tú y yo

El afilador suena mientras hacemos un dictado
espero
nadie escribe tiriririiiiiiii tiriririiiiiiiiii
les cuento que me picó una avispa en la planta del pie
                                     [y que quizá me salgan alas
lo que no se ve
el tintineo
¿tiene memoria un lápiz?
dónde guarda la goma de borrar las palabras que se lleva
envejecen los ríos y mis pasos por el pasillo
hay niños que solo toman pescado si no tiene cabeza
no comer ideas de peces muertos
pensar bien en nuestro disfraz
ni siquiera desnudos somos
desaprenderlo todo
vaciar el espejo
al fondo bajo tantas capas quizá algo de ti si suena
                                                [el afilador

Oscurece y los árboles se van a casa
		[meten sus raíces en barreños con agua tibia
y se acuestan en colchones de lana
no vale con repetir lo que se te da bien
deja ya de hacer paellas si tan ricas te salen
los fantasmas niños crecen y dejan de arrastrar
						[la sábana
sí Ramón María el esperpento se echó a perder
				[encontró un minitrabajo de 4 horas
y vive con su abuela que estudia inglés
a cierta hora de la madrugada cuando me falta la luz
				[doblaría la noche como un
mantel que se guarda en un cajón aplastando las
				[estrellas con la palma de la
mano para no pillarlas al cerrar
la línea del horizonte en Coruña tiene dos carriles
			[para que circulen las plusvalías
de la conciencia supongo
dónde están las cosas que nos pueden salvar
hay quien se come la corteza del queso y hay quien
				[se quita el sujetador y nota
como se suelta la tristeza

yo crecía sin fijarme en las hojas nuevas de la higuera
esa distancia tremenda entre lo que pregunto y lo que
                                        [contestas

¿se fijarían ellas en mí?

-¿Qué, cogéis muchos pulpos?
-La primera intención es pescarlos,
pero tienen que querer ellos.

Existe el depredador con vocación de jardinero
el calendario dice a qué hora llegarán las olas
                                        [a Madrid
entre paredes de libros niebla bulto invisible en Tierra
                                        [Escondida

la esponja es feliz encharcada
esa mediterránea manía de apretarlo todo
de dejar la noche sin filo alguno
tienen que querer ellos
una flor amarilla mira al poeta desde su botella
                                        [de agua
si la flecha es un ladrillo
¿quieres que hablemos de precisión?

por el borde del tiempo las mujeres
con la cabeza llena de barcos caminan
las mazorcas no crecen en sótanos sin espuma

quién no quiere escuchar a un mirlo borracho
                                    [de endrinas

un galgo embellece cualquier playa

Cuánto tiempo dedicas a lo inútil
si cierras las ventanas no esperes que entre el aire con
[su traje a medida
una desconocida llora en un banco
a su lado un chico empieza a hacerle cosquillas
no quiero taparle los ojos a nadie
un ser humano es otra cosa
menos mal que cuando estamos en peligro
lo real se encoge como una camiseta mal lavada y nos
[salva lo primigenio
vigila para que el dolor no sea largo
rodéate de violonchelos
no vayas torcido a escribir un poema
me cuesta entender el calendario
el negro
el blanco
algunas cosquillas
cuándo construimos las raíces del yo
en qué prosodia el cerebro se llenó de miel
dónde se pierde el agua que no llega al jardín
no hay cielos normales es verano y los niños quieren
[ser felices

la palabra caballo debería tener cuatro patas una cola
                              [larga y salir corriendo antes
de que acaben de leerla
y si cada vez que huele a tierra mojada nace una
                                        [neurona

Ayer en Galicia gritaban madre o mar
así están las cosas habla claro ya di qué necesitas
coche de sustitución
adaptación curricular
tratamiento dermatológico
madre o mar no hay café que lo resuelva
otra vez graduarte la vista beber más agua abrir Luces
                              [de Bohemia meter tripa en
las fotos apagar la radio
madre o mar todos los días de tu vida
mojar el rodillo y volver a pintar de blanco
madre o mar en la cola de la frutería
en ese alzar la mano para pedir otro gin-tonic
en la solidaridad cutre de quien echa al contenedor
                              [la ropa que ya no le vale
madre o mar al abrir los ojos cada mañana
y medir a qué altura quedó el techo
madre o mar en cuanto abres la boca
entre la sopa de fideos y la pesca sin muerte
en este instante de escritura te licúas la cabeza y no
                              [hay salida
una rotonda enorme la Vía Láctea imposible estacionar

CIEN CIGÜEÑAS

hay un lugar donde vivo contigo, en él la cigüeña camina
como si cabalgara lentamente

«Ella, los pájaros», Olvido García Valdés

Cúpulas y cigüeñas en mi corazón, eso he soñado

«La poesía ha caído en desgracia», Juan Carlos Mestre

Los que caminan como si midieran el planeta
no saben que el agua es un ser vivo
con sus zapatos de rejilla sudan el verano los pobres
la sangre cada vez más lenta
no es 2018 para toda la humanidad
he visto hombres escupir a otros hombres

tan hartas las madres de todos los Murphys
como estar borracho en un laberinto

cuando tienes tanta razón que empachas

El día se ha puesto tan sauce
llora el gato o maúlla un bebé
da igual
el Duero no nos mira
y las cigüeñas en agosto vuelan solo los servicios
[mínimos
ellas no tienen un encargo que cumplir
el junco del río no sueña con atrapar churros

cuidar un huevo
eso se parece
un huevo de cáscara delicada que sabe volar
y la suerte de estar afinado siempre

nacer con puntería

Hace poco me regalaron un río
escucho
como se entiende un bebé que aún no habla con su
[madre
¿podría traducir una alondra lo que canta un jilguero?
las casas de nueva construcción también tienen grietas
tantas personas deberían arrancarse el gotelé
cambiar uñas por plumas un buen lijado a tiempo
y quiten el termostato que hay a la entrada del bosque
la Europa campesina experta en verdes y bocadillos
[de ambrosía
abraza sin mover los brazos
por el museo de las cáscaras de pipas las hormigas
[como se mueve un ojo
el contador quieto y la factura crece
si las cigüeñas mueren en sus nidos
qué hacen las otras cigüeñas con esos cuerpos
qué con los picos
¿los lanzan desde el aire para que cipreses claven
[la tierra?
no sé tocar ningún instrumento y consigo dormir cada
[noche en una casa

donde hay un piano una flauta travesera y varias
                                [guitarras
algo aguado se aprende
con las manos planté calas
esa tarde llovió

La ballena salta si tú no estás en la orilla mirando
filosofía de café con leche y azucarillo
apagar el motor veinte años antes de llegar a puerto
ponerte en manos de las mareas
esa mariposa no es tu padre

en Moscú cae la nieve sobre mi hija y su libro de Chéjov
un perro que no es Trece corre por el azul infantil
                              [de las pequeñas semillas
a veces el teléfono habla en francés y sonríes
las habichuelas mágicas aceleran

siempre hay espárragos que se salvan
serán tela de araña
sombra de hormiga
llevas un ratón metido en el pecho

Digo da igual qué palabras
y cuando las oyes
sabes que llevan dentro otras palabras

Y si los terremotos sólo quisieran colocar el planeta
                                                    [de nuevo
como cuando empieza una partida de monopoly
ya sabes todo esto quizá no sea así mañana
Cavafis estaría orgulloso de nosotras
las mujeresviaje
en tránsitos vitales intermitentes
a punto de llover y o cantar nanas a hijos ajenos
los árboles se beben la luz
te dejan la noche a ti y a los grillos
calcula el aliento justo para que el avión de papel
                                                    [despegue
dormir el cansancio no es soñar
si la niebla por dentro no hay cielos de martes azules
la alegría también deja residuos
en el epicentro del mundo
hay un charco con forma de rosal que no riega nadie

Escribo sobre el papel con el que me acabo de cortar
mi madre comía pajaritos fritos
un libro de guardia en mi mesilla
        quién lanza el trapo de la noche sobre nuestra jaula
temblor de bivalvo que ve volar una mariposa
un ciego borracho en un andén de metro
las nubes dardo de lluvia trueque de aldea y salitre
cantan sirenas en los anuncios de radio
si eres alergia a lo invisible que deja el grillo
menú barroco de domingo
la presencia continua de lo que no
si el azul no se va y llega la noche
sigo pensando en los picos de las cigüeñas
un abismo justo de tu talla
y las crías del avestruz tan diminutas
lugar donde el pájaro guarda sus zapatos
haz todo lo que te pida el día
        quién lo quita para que volvamos a cantar

mira qué te quedó en los bolsillos

Concederle al huerto un rincón para las flores
hace años que no tengo zapatillas de estar por casa
esquirlas de autorretrato
en la lengua de las amapolas
querría decir hojarasca
una ballena varada en una playa de Cádiz
¿no vio el faro de Trafalgar?
¿había entrado él a darse un baño?
Inflamación de la vesícula versal
la cabeza como una impresora atasco nivel ocho
palabras acordeonadas
retorcidos escombros
si escribes eres transparente y verdinegro y de cuadros
                                                    [anchos
siembras un campo con un puñado de semillas usadas
el idioma volátil
la máquina de las palabras
el azar
versos en los radios de una bici en las aspas de un
                                                    [molino
colgarle a mi perro palabras de la cola
y que las agite cuando llegue Mario o se tumbe

[encima de ellas

¿notas la individualidad de cada molécula de agua?

que vuelvan las optativas absurdas las más inútiles

[y hermosas

¿y si no hay sitio para tanta raíz?

hacer un sello con la mejor idea de hoy ponerlo

[sin tinta alguna

con la idea ya desvencijada y añeja

casi invisible la belleza es una jaula abierta

un diccionario de insectos esdrújulos

qué hacemos con el hinojo si las aceitunas se cruzan

[de brazos

me llevo bien con algunos poemas de pies calientes

de cobijo y arrullo a la orilla de una brújula

ese lenguaje que habla bajito y trae ruido de tren

hay aves que para echar a volar tienen que tomar

[carrerilla

No hay nada mejor que tener cajas vacías
mujeres como campos de cereal
visten a sus hijas de princesas si es domingo y es
[febrero
encima siempre el abrigo de Carrefour abrochado
[hasta arriba
no digas padre que yo no tengo padre
cuántas capas tiene la normalidad
nunca eres el primero en cavar
la naranja que tengo en la mano ¿está viva?
está más viva que una grapadora
está menos viva que en el árbol
los hombres ya no se peinan con la raya en medio
primero se derrumba el tejado
cuida que no se muera el poema en tus manos
estar abierta herméticamente
ya nadie amortaja a nadie
empieza a buscar donde hay luz haz la digestión
[de estas canciones
hace días que llevo dos tuercas iguales en el bolsillo
no se arreglan zapatos
ni se cambian medias suelas a ninguna palabra por
[muy esdrújula que sea
adónde se van las ganas de saltar
acariciar gatos no es una profesión

quizá plantar cebollas en el último faro del Cantábrico
o la colmena en primera línea de playa
de qué forma se escribe cinco minutos antes de morir

hay perros que no quieren cruzar ríos
la noche deja residuos
la palabra corzo no es un corzo pero hay un abeto
                                        [azul en Ávila
queda el susto del último copo de nieve cuando mira
                                        [hacia atrás

Y si se niebla

supuesto 1 el sol delante y tu sombra detrás

dibújate un lugar personal reconocible
solo a los que lucen cráneos huecos no se les enfría
                                                        [el café
llevas una gaviota en la cabeza y no vuelas
arqueología de ayer noche unas puertas chirrían
                                                        [y otras no
que tanta gente respire un abuso
los días de las nueces verdes
el tiempo en el que los pantalones se te quedaban cortos
las vejigas siempre hasta arriba
la boca llena de surtidores y canciones sin inventar
estás hecha de todo lo que no
quién espera el abrazo del cangrejo
seguro que el corazón tiene piel
hay otras sendas donde ganar flotabilidad
un mundo lleno de gente sola mi amor
y un globo rojo cruza la carretera

supuesto 2 el sol arriba y tu sombra dentro de ti

dos niños se sientan juntos y en un momento ya
                                  [piensan lo mismo
es el cumpleaños de Lorca y siguen bajando las
                                  [temperaturas
no es un gato lo que acaricias es un cojín
al salir del túnel los ojos tiñen algunos arbustos
te construyen tus huecos
los cielos de Venecia
golondrina que vuelas a un palmo del suelo, piénsalo
la lluvia lava el verde de ayer
alfombra las tardes con guitarras llenas de agua
las intermitencias de la vida
la desinteligencia artificial sudando tinta
se jubiló el invierno y ya nadie trajo el frío
hubo que buscarlo bajo las pestañas
la maravilla es siempre a destiempo
y todos a lo suyo en la fiesta de mi cabeza

supuesto 3 el sol detrás y tú persigues a una sombra

¿podría localizarme cuántas poetas llevamos en este tren?
veinte años pidiéndole lo mismo a cada estrella fugaz
como flores con vértigo creciendo en el acantilado
se suspende apocalipsis zombi por motivos
                                              [climatológicos
cada uno con su foso alrededor
dejar las frases a medias sin ojos que esperen más
si volar no al menos caminar junto a una cigüeña por
                                              [un prado
y que no te pique el pie con las zapatillas puestas
un saxofón sabría explicarlo
las amapolas crecen en rebaño
existe una palabra griega que significa suspender el juicio
la oquedad sumergida
los sueños de casas azules
hay a la entrada del polígono una iglesia románica

Llevan años las playas esperando a algunos mares
dónde la enfermedad
en la niebla no vuelan pájaros
una plazuela que da a cinco calles
y muertos luciendo fajos de billetes
envejece la gota de agua
arruga
arruga tanto subir a las nubes
tanto dejarse caer si la cosa se pone fría
la noche contiene otras noches
el cerebro de un mamífero
la piel de los domingos
cruzar la línea
sembraron cien cigüeñas por la mañana y cien por la
                                    [tarde
llueve y las barcas se llenan de agua
si la bajamar se instala

mira a ver qué quieres decir con este silencio

No quieres escuchar lo que piensas
el árbol acepta que llueva demasiado
la caja de herramientas vacía
dentro de una jarra el agua conserva el movimiento
hay personas que no reconocen sus manos
las paredes blancas nunca son blancas

cuando no haya caballos
veremos sus imágenes en álbumes de animales extintos
cuando no haya lobos
ni luciérnagas
cuando todos seamos un cromo

Entre la cima y el foso el árbol de caquis festín de
[gorriones
en la jaula infinita tampoco eres libre
los relojes que van a pilas
la belleza del moho
llévate bien con tus manos
convulsionan las hormigas en la niebla de olivos
las uñas no dejan de crecer
en un avión nadie es extranjero
cerca de la fuente la guitarra
¿volveremos a leer a Góngora?
el astronauta que no pisó la luna duerme tenso
es moderno un orinal comprar legumbres en una
[talega no tener móvil
un tractor vendido en piezas vale más que un tractor
[entero
así no hay quien enseñe a sumar
cuando las abuelas son más libres que las madres

detrás de cada otoño hay un niño que canta
y las ovejas persiguen estrellas
en las Vegas un volcán entra en erupción cada dos
[horas

y llueve si quiere el jefe
miércoles por la tarde pasan cosas detrás de cada
[ventana
empezaremos por decir Eva y Adán
te asomas para ver el fondo
mirar lo profundo con ojos telescopio
dónde se ha ido la realidad
oyes ese bullir de tripas abajo
los ríos en Oriente desembocan en escala pentatónica
papá caballito de mar antes del parto da cuerda a la
[cajita de música
sueña el pozo de la casa de Lorca
un piano que toque
la linde
donde el agua se frena
quién será la maquinista de este tren
he mirado con lupa las cuerdas de tu guitarra

Como pez en el aire vuelve la luna despeinada de otra
[fiesta
si tienes tendencia
a dejarte caer
gota
a gota
huelen los jacintos
en el comedor las esporas esperan
luego caen como lluviamúsica

las cigüeñas pueden cruzar cualquier poema sin permiso

una caja llena de ombligos pinchados en alfileres
el perro no sonríe para la foto
ni cruzar un océano en una colchoneta

descifrarte

cuando tu ojo derecho habla un idioma y el izquierdo
[otro

los dientes no se mueren nunca la vida no tiene seis
[posibilidades
subirme a un árbol

construir un reloj de libros
a las 2 leer Paradiso
a las 3 La tumba de Keats
y al dormir igual
soñar Claros del bosque
despertar en la Montaña Mágica
y así las manzanas
el hueco de los zapatos
los vientos que respiran
una mujer hoy abre sus brazos

Un encuentro de libélulas
ves crecer la montaña
hay quien guarda cáscaras de pistachos en un calcetín
el poeta vivía encima de una librería donde no vendían
[ni un libro suyo

puedes pasarte la mañana haciéndole preguntas al mar
y todos los que llevas dentro se abrazan
alguien pintó las nubes rosa palo
Vermeer sonreiría
si tan pronto descubres que no hay respuestas
la sal que te pica en la espalda no es mar
los residuos de tabla periódica
las sobras del verano
plantar flores para combatir el blanco
leer a Lorca una medicación crónica como una
[hoguera en la playa
los que llevan la luz siempre encendida bailan y son
[música
con la elegancia del caballito de mar plantaste un
[mandarino

El gato a medio árbol detiene el tiempo
la clorofila silbando viejas canciones
qué resistencia para esperar al fantasma
los semidioses no tienen un Olimpo ni un pueblo
                              [en Extremadura
el vaso no sabe cuántos añicos lo componen
reconocerse solo en la niebla
los libros que se leen en horizontal y esconden las
                              [ideas en su flequillo
la navaja roja perdida sobre la mesa roja
la bañera llena de silencio

mi padre silbaba cuando subía las escaleras
el reloj de la plaza se paró hace años
ve crecer el hueco

cuando entra el corzo a comerse el trigo

Todo lo que el agua mece
el viento civil grita
en su sitio la garza sobre la piedra
el amarillo
los helechos alzados y las bellotas de los robles
el vaso de vino sueña
la medicina
las moras que comía Unamuno
salta una trucha
regalo de onda cuando marchan las cigüeñas
el frío suave de la piedra sumergida
contigo en los pistachos y en medio del Tormes
te leo en el agua
aún cigüeña
la manta de verdín disidente
las rosas que no se callan nada
corren lagartijas por mis venas al sol
el río suena más de noche
no abras la puerta a los caballos
ya sabes
la vida
los psiquiatras

el gallo anarquista
los ignorantes que caminan por el monte en chanclas
Delfina en su ventana
un bombardeo de estrellas sobre el techo
caer con elegancia en el río azul
y Moisés cruzando las aguas con un plato de morcilla
[en la mano
la luz se va sin despedirse menuda sinvergüenza está
[hecha
gazpacho de vino para el frío que vendrá
alimenta al pájaro azul
los metabolismos en perfecta desobediencia
el empeño de la luz en el agua
un deseo resbaladizo cuelga de un chopo
¿cómo serán las ranas en Tánger?
Alegría
ahora es verde
y la camisa sigue en el armario

ROJO AMAPOLA

Público, 15 julio 2020

La fosa de víctimas del franquismo sobre la que se instaló una granja de cerdos y que ahora investiga una jueza

Memoria_ARMH
@ARMH_Memoria

¡AYUDA URGENTE! Tenemos que localizar a algunas familias, con las que todavía no tenemos contacto, de las 25 personas que pueden encontrarse en las fosas que estamos exhumando en Grau/Grado, Asturias. Esta es la lista de los nombres. Si lo retuiteas nos ayudas a encontrarlos.

Para una tumba que puede estar en cualquier parte
manojos de flores sin cortar

«Canción negra», Wisława Szymborska

De la tierra, esa música viene de la tierra

«La otra música», Francisca Aguirre

Quiero dormir un rato, un rato, un minuto, un siglo;
pero que todos sepan que no he muerto.

«Diván del Tamarit», Federico García Lorca

corren caballos sobre algunas fosas traen sonido de luz
siempre nos quedará la risa el placer de disentir despierta
toda la noche no llores no les des ese gusto

podar las raíces niños con la llave al cuello hartos de
macarrones el búho adiestrado para la foto se heredan
abrigos y gafas arqueología de la dignidad humana

un real decreto que salve el concepto siesta algún
diputado no votó estaba dormido mientras los cerdos
engordan como ante una consigna revolucionaria se
levantan las amapolas en los campos

crecen trece rosas en los hospitales donde desaparecieron
bebés de noche muere más gente la luna y el sol están
en pleitos por unas tierras mueven las lindes cambian
el curso de los ríos hay cosas que se rompen mientras
dormimos desiertos de genéricos y tardes de tele vencer
a la muerte con instrumentos de labranza y un pincel

pájaros insomnes cantaban el morado de las lavandas
ojos sumisos combinan bien con cualquier uniforme
que hablen lo justo ni una palabra más

la lluvia es libre en otras lenguas el rastro de sangre no se va crecen trece rosas en el calor que se desprende en las manifestaciones y en los moños de las bailarinas tanto gritar para dentro me duele ayer vulneración de derechos humanos las amapolas no crían espinas

de noche nace más gente en cada fosa andan escribiendo un diccionario la voz como una espiga de trigo los que dale que dale con su apología de la ignominia asignan un cura por cada cien camas de hospital tan lejos los libros a callar se ha dicho

ellas siguen muriendo cifras en un papel comenta el obispo deja este acarreo de miedos viejos la respiración comienza en una mercería cuela un botón rojo en la caja de los blancos con los ojos abiertos oyen al caribú al mochuelo la lucha continúa

cantar hoy a las poetas del 27 eso es justicia ser líquida gotear entre las mimbres

¿es este mi lugar en el mundo? pasadme un altavoz tendría que decir algo ahora las grullas vuelan con el

cuello extendido son aves altamente vocales vienen a
dormir a Gallocanta su cortejo en nuestros campos de
amapolas pesan cinco kilos despegan

los árboles lo vieron todo solo fusilaron cuerpos abrazada
a un esqueleto construyo detalles tomo partido lo que
digo para la vida vale para la poesía no caen los sueños
bajo sus balas en la curvatura de todas las rayuelas en
los que llevan peces en el blanco de los ojos seguís vivos

las encinas no dejan de interponer querellas las
cronologías correosas corren hacia atrás crecen trece
rosas en la frente de los resucitados que se sientan a
cenar en cada casa dejar que pase tiempo hasta que las
semillas mueran

ninguna palabra será suya quiénes son los dueños de la
memoria si te dicen quieta mueve los dedos dentro de
los zapatos

el que planta un olivo es un rey artesanos que cocinan
niebla y compran claveles acariciaste un gato en

Belchite en las alforjas la cuna de los mellizos de lejos
viene montada en burro la canción de los antepasados

nos atrevemos a llamarles pescados antes de que hayan
caído en la red las fuentes preguntan cuándo la luz
crecen trece rosas en el balón de baloncesto de mi hija

con la alegría de los que paran un desahucio sacaban
cuadros del museo unos afilaban sus armas otros el
detalle las pinturas en Ginebra sorbían chocolate suenan
las sirenas evacuación de obras de arte los niños y los
cuadros primero a veces Madrid no puede dormir la
fatiga que sucede fuera del cuerpo el hambre lo que vas
a ver mañana ya está en tus ojos qué bien resistes en el
andamio de los días tantas llaves sin puerta absténganse
arbustos y demás matorrales las amapolas exigen brisa

al borde de un precipicio las palabras son mapas
maestras de la República con pelo corto y humanidad
larga cuántos libros quedaron abiertos tanto duelo sin
muerto crecen trece rosas en las mujeres que corren para
no perder el autobús en la alborada de la risa un fósil

está más vivo que un ordenador lo saben en el ágora y en los barcos que pescan de noche

en las fosas comunes lo escuchan todo no te arregles mucho que vamos a vendimiar raparles la cabeza a algunas palabras pasearlas la certeza de que seguimos recogiendo el algodón la ley del recuerdo el número diecinueve es tu padre

quedan tiros en muchas tapias allí se tejen telas de araña zurcir con un huevo de madera ordeñar una cabra y luego decirle bonita subirse a la orilla ahogada del pantano y gritar

crecen trece rosas en la ropa de los muertos que cuelga de tantos armarios echarse al monte si los del IBEX aprietan mi padre me paseaba en la trilla dice mi madre pero antes de eso Brihuega Titulcia y la sangre regando olivos el olor a vinagre las listas de la muerte ceniza de los días si alguien duerme en la bañera cabemos uno más al otro lado del espejo los niños aprenden ruso y el hombre del saco llega a Leningrado subido en un carro de combate los que empiezan las guerras ese olor a verdugo de los criados bajo la cabeza de un jabalí

es pisar el hormiguero todo en el perfume de las flores de plástico la vocación de carcelero aquí quién manda

en una fosa común es mejor llevarse bien ser compañeros de tránsito hoy compartiendo una eternidad en escorzo de huesos propios y ajenos tampoco te arrodilles ni reces aunque la monja te obligue

crecen trece rosas en las abuelas que tratan de usted al móvil la prosodia de un cesto de patatas señoras que se echan colonia y van a merendar no dejes que tu hemisferio derecho se seque crían hijos que no hablarán su lengua

era suficiente subirse a un barco y vivir los grillos llevan años denunciando porque ya todos dibujamos marcianos parecidos ponerme en los zapatos de

Rimbaud saliendo de Yeserías oír cómo las piedras respiran los metabolismos en perfecta desobediencia las ramas cruzan la reja si ya es de noche cuánto vale una vida

bajo la tierra viva que pisamos fósiles lo sagrado está en el bosque y en la piña de estorninos con los bolsillos llenos de resistencia los muertos continúan hablando

en mi casa alguien canta habría que premiar a cada hereje gentes que se levantaron una mañana como cualquier otra y partieron pan silbando sin saber los petroglifos que pinta un tractor conozco mujeres que se tumban sobre piedras oyen como respiran

para quien no sabe nadar el Ebro es un océano ¿qué se puede gritar antes de que te fusilen? pinté un vestido como el Gernika en el fondo del aljibe guardamos la sed la fiesta de la hojarasca

abrir escuelas formar maestras enseñar a leer a un pueblo crecen trece rosas en la cabeza que hará un documental sobre vencejos y en los lienzos de Lorenzo Aguirre oye brigadista cómo se dice libertad en tu lengua yo voy con Miguel y Federico la justicia universal de los ríos el ajedrez del pan blanco y del pan negro abandona la hilera las tierras ácidas que mantenían cerebros y corazones se oye en el silencio el himno de los caballos que aún cantan las amapolas la equidistancia es un cuento chino

con la habilidad de un roble crecer elegante es una jirafa un libro en manos de un campesino seguimos excavando en Atapuerca con permiso de T.S. abril fue el mes más luminoso esta inercia rebelde de un organismo sano los dálmatas nacen sin manchas vagabundos sin dientes leen en periódicos gratuitos la exhumación de Franco las cigüeñas del acueducto si dictas la sentencia ejecútala tú algún día todo esto no será de nadie

sesenta millones de olivos duermen en Jaén son tantos que podrían tomar todos los cortijos la magia del azulejo quién riega las pilastras del portal a mí me cambias el gesto amenazan les mata nuestra risa la manta de verdín disidente el gallo amanece cuando él quiere hay exilio en la palabra poeta un nido de golondrinas es Patrimonio de la Humanidad crecen trece rosas en las canciones de las niñas que hacen fotos sin cámara la inteligencia atea de la Barraca laboratorio de inviernos el dinero republicano un microscopio en cada pueblo Robinson Crusoe y su barquita escondida en Guadalupe bautizaron a dos criados indios de Colón los llamaron Pedro y Cristóbal

cuando el viento acompaña al río el hombre de Vitruvio observa sin miedo los cielos cada tarde deja que el sol se vaya se asustan juntos el pequeño corzo y el poeta

en el funeral de la música apenas los pájaros con excelentes modales preguntan tú has visto a Darwin haciendo flores quedan niños dispuestos a cantar ópera cada risa es nueva no hacer reverencias ante nadie el porvenir en los ojos del ratoncillo que se salva

los derechos civiles el milagro de una higuera el primer día de expedición establece el límite estrena carcajadas algún domingo espejismo de beso en un columpio descalzo por un pinar el vientre lleno de amapolas algunos imposibles están muy cerca

así vive un libro que nadie ha leído la muñeca de cartón cruza los Pirineos de la noche busco un lenguaje todos tenían nombres tiraron mapas para colgar santos echar un chorro de añil en el agua de la ropa blanca las estaciones de tren abandonadas

solo puede ser errante la niebla crecen trece rosas en los campos de amapolas las lombrices de tierra aportan oxígeno azulear tender la ropa cuando no haga sol sustituyen al perro por un holograma y el rebaño ni se inmuta como un botón mal abrochado

corren caballos sobre algunas fosas camaradas si dejamos caer las humanidades ya nadie sabrá esperar un tren abrir la tierra asolear verdades traen sonido de luz siempre nos quedará la risa en bibliotecas subterráneas una brocha delicada limpia minutos reconstruirnos antígonas bajo tierra alzar el puño el placer de disentir vida en la sonrisa asamblearia de las flores despierta

toda la noche no llores no les des ese gusto cuando el
coro se da la mano

vuestro

aliento rojo

amapola

sois mi familia

.

CADA MANZANA
COMIÓ SU FLOR

La vida de una manzana desde que es tenue flor hasta que, fruto con mejillas, cae muerta del árbol a la hierba, es tan misteriosa y tan sin término como el ritmo periódico de las mareas.

La imagen poética de don Luís de Góngora
por FEDERICO GARCÍA LORCA

Las otras vidas que se viven soñando
las canciones que prefiere un perro
todo lo que existe sin tener nombre

silencios con las manos en los bolsillos meten un pie
                                                    [en el río
parpadea la luna como si le costara encenderse hoy
la suma de los días no vale una vida
quizá
se te murió un diente y no te diste ni cuenta
coges aire
sin soltarlo lees poemas

y que se mueva lo que está quieto

Inventas los detalles de un lugar que no existe
lo que piensa un teatro vacío
el son de la partida de dominó

la portada de un libro su huella en mi ojo
cuando tiembla el poema
un centauro podría tocar el violín
dormirse de mentira
como una bellota con un roble dentro

lo que sueña la oveja negra
su dimensión sonora
jaulas en la fiesta de disfraces

Peter Pan en un vagón de metro cabecea el empacho
                                    [de carpe diem
tirarse piedras para ser amigos

Cómo sentarse a escribir en una mesa que cojea
con un reloj de arena atado a la muñeca
¿qué mal pueden hacer unos poemas?

nunca viví en una ciudad con tranvía
si eres esclavo por cuenta propia y la tristeza se enfada
ladran perros en tu cabeza

dentro del mar todos los hombres son iguales

hay árboles que se dejan convencer por el primer
                              [rayito de sol
gentes que corren a cámara lenta
fragmentos de cielo de alta calidad
como cuando compraba juguetes
en defensa de la conversación mantener silencio
¿y si en otra existencia fuimos cigüeñas?

caigo en este tipo de fe atea
vale la pena una sonrisa
hoy
que añoras el sonido del tranvía

El que porta el látigo también es esclavo
abrazas una carta
una profecía
es noviembre
tan imposible la línea recta

el puente queda inútil sin su abismo

he plantado trigo por primera vez en una biblioteca
                                                    [dormida
alimento para el cajón de las preguntas

abrochas los cordones de la noche
si las palabras gritan
leo lo que escribieron otros

en todas las playas alguna gaviota muerta

En la intimidad de un coche
riegas un brote de invierno
lo que grita la oveja negra
los templos donde viven monos

entre Orense y Santiago todo lo pintó Turner
las autopistas del viento
gemelos que sueñan lo mismo
tengo novia
pero ella no lo sabe
el suspiro de galápago
la niña que acuesta caracoles sobre una hoja de lechuga
las golondrinas azules en las piscinas de agosto

Ya los jacintos emergen
este enero me llega el cereal al ombligo
anda el ave inquieta
cada cama trae sus propios sueños
la migración y las flores

la razón tiene una mala tarde
y
pummmmmmm

se llena el mundo de pájaros con miedo a volar

Nueva York pasó la noche entera llorando
y sé que ahora escribo distinto

anda el poema en sospecha

está en ti

no es el azúcar lo dulce

Una felicidad pequeña
el relincho de un caballo

era azul-velero y agosto
un cormorán nadaba a proa
con las gafas puestas lanzarse al agua
poseída por el pequeño submarino

o menos

para ir a comprar el pan
no subo a la montaña rusa
ni me lavan la cabeza como en Memorias de África

otra felicidad pequeña
un audio que habla de gansos salvajes
respirar hondo en un aula vacía
o imaginar al cormorán
buceando con mis gafas

Cómo hacer que siempre sea viernes
no podemos ir a conversar a la feria de los coches
                                    [de choque
mejor mirar fotos
improvisas con lo que llevas en los bolsillos
te miran para que digas algo
y piensas en ese niño que un día te llamó pequeña
                                    [golondrina

todo lo que explica un alzar de hombros
abrir un cuaderno y escribir ¿es entrar en la ficción?

La maratón de elefantes cruza ante nuestros ojos
[y no lo vemos
a la velocidad de un cerebro en marzo
el oasis espera aburrido
cantar bingo con los nidos que se ven es fácil
cuánto de pájaro en cada célula humana
democracia es un campo de girasoles
lo vítreo
los arbustos delgados que montan en barcos para
[buscar ballenas
tan reales como peceras con olas
sin preguntas torpes del tipo a qué árbol quieres más
la niña sube a la higuera con una breva en la mano

la sombra sabe una luz que la realidad no tiene
esa geometría temporal
este amor fuera de temporada
los bebes comen flores
y la vida como una flecha corre a clavarse en un desierto

quieres comprender las palabras y pones una jarra con
flores en la cocina

engáñate
todos los niños del mundo llenan sus cubos y vacían
[el mar
se acaba el bocadillo y aún eres hambre
ensayas día y noche para la improvisación
no venir al poema con queja
guarda tanta belleza para mañana y riega la albahaca

desbordada vengo en luna y raíz
si el naufragio sucede de noche
el alma de un fantasma bota un barco y se hunde 15
[minutos después
los vasos que se caen al suelo
la mariposa niña con antojo de cometa
dejarse vencer por la sombra distinta de los gemelos
la nutria glosa en los márgenes del río
los acianos bajo el puente
el crujir de nube
la vida abriéndose paso en un taller de grabado
las perseidas con aforo completo lanzan una proclama
las orejas de mi perro son su bandera
quise escribir algo así como pesca sin muerte

Emanciparse de uno mismo
todo antes de ser
la vuelta del aeropuerto sola
dejar la ofrenda al minotauro
tantos ojos mirando si la línea del horizonte se ha
[curvado
dan ganas de tender medusas
la debilidad temática tumbada al sol
variaciones de aquel día con sonrisa
creo en los centauros
en las rajas de sandía vivas
y en los poetas que escriben dormidos
los días lagos tibios mejor ojos como nueces
la vida aleatoria
si suena el timbre los besos de perro
o aprender a leer de nuevo
un chorro de agua golpea mi cabeza

Construimos túneles demasiado largos
se te pone cara de ratón
y todo depende de dónde pongas la escalera
el miedo se reparte por las mañanas
con la cabeza hecha pájaros
cuesta ver la nube en el charco

¿en qué voy a convertirme?
hambre elegante no existe
como si la poesía fuera cojear con gracia

el silencio era el ruido de la nevera en la noche
la posibilidad de rinoceronte
esa morriña mamífera
espera el deshielo
cuando todos cayendo hay quien abraza

se te aparece Vallejo en sueños
y no sabes qué preguntarle.

Los libros se cansan de esperarme
respiro fácil en la hora que vuelve azules las cordilleras
el manantial va a nacer dentro del río
cuando la alegría no te deja pensar
bailan los tilos la música de los cencerros
la risa de boca llena
un lugar donde quedarse dormida

los brazos de las amapolas alzando trigos

sonrío
esto ya lo soñé con un libro de geometría en las manos
disfrutar de la parte alta del abismo

hay en todas las noches algún niño que llora

Tal vez libre

no se olvida volar si eres pájaro

el día te persigue un rato
y luego se va
a sus cosas

personas que no han lavado un calcetín en su vida
                                    [dirigen el mundo
leo que Málaga es la provincia con más cabras
                                    [de Europa
y no sé qué pensar

en una cárcel hecha de libros

He aquí que soy montaña entre mujeres montaña.

SYLVIA PLATH

Detengo la respiración
y trago tu verso
guardo la realidad que se pierde
en papelitos arrugados
los esquejes
las piedras
durante un rato vivo en el poema

y pesa menos la alegría
como tú
despierta mientras todos duermen

el tiempo en un cajón transparente
la rutina del laberinto
ya no cansa
si eres aire

Te levantas de la cama silenciosa en la madrugada
a hurtadillas te sientas a escribir un poema

Volver al movimiento
a los límites
o no hay nada acabado
todo fragmentos
estás en peligro si son más pequeños
y si se mueven rápido estás vivo

a quién se le ocurre regalar un puzle de 3.000 piezas
una foto interrumpe el tiempo
el vecino de Peter Pan abrió un taller de reparación
artistas esforzándose en imperfecciones de alta gama

las huellas que dejarás en tantas orillas dónde
duermen hoy

Yuxtaponer una higuera y una niña
se escribe sola
la ternura deshilachada

la gota primera de cada río
lo que dicen las manos
también lo otro
reconocer tu voz
un mapa en algún cuaderno
las uñas que le crecen a los muertos
abre la memoria sus puertas
fluye en la jerarquía débil de los cuadros sin marco
como se respira a oscuras
en la mitad del invierno
el poema subido a un andamio
ve venir el deseo
no se puede diseñar un bosque

Cuando el mundo esté apagándose
y choquen en el cielo los pájaros
qué haremos con la chispa de utopía que prende cada
[viernes
no conozco ni a una sola guitarra muerta
pasas la lengua por los dientes
llegan las ideas de puntillas
a oscuras

comprar una tijera si las vanguardias nacen viejas
los días de cielo blanco roto
mi madre y su lupa para leer las cartas del banco
los antropólogos y sus frases tan largas
aquella palabra hoy significa diferente
va bien tejido el pájaro y su acorde
podarnos para el viaje a la aldea
el barco de papel
aún sin estrenar

Acariciaste a un gato en las ruinas de Belchite
cuando las cosas eran
ahora todo como si
la vida en el preámbulo
el jersey del revés y te suena el corazón de hambre
no admirar al mejor del desguace
hasta la ola más alta cae
los paisajes de los charcos también son reales
los mineros cántabros echaban escombros bajo
                              [estalagmitas
la belleza del sudor
alguien bajó tres o cuatro tonos el verde de Asturias
heredarás
la caja de los botones
la talega de las fotos
en la cueva las excéntricas alzan el puño
la capilaridad del amor
sin miopía
sueño

Quedan cuarenta minutos de miércoles

tricotar calcetines con cuatro agujas
es sentir la encrucijada
con mascarilla de cemento
disimulas que sigues vivo

en mi casa antes no había gafas

hay bombón helado gritaban en el atasco

el brote débil al que todo le viene mal

Un transbordador cruza el delta
como otras tenían una granja en África

hay tradiciones que están sin inventar
el rey del krill se jubila
y crecen gasolineras en las afueras del caos

cuándo empezaste a dudar

el barco de papel con tres metros de eslora
lo que se envejece en un pasillo
dos patos cruzan el paso de cebra
ni les hables de poemas en húngaro
la burocracia del gallinero
hacer un tren con las piezas de una lavadora
la poesía
sonríe el equilibrista dormido
solo
si las palabras están de vacaciones

La alegría duerme bajo piedras

el sanatorio de muñecos es ahora una oficina de empeño
y no quedan en Madrid tiendas donde comprar brújulas

alivian las conservaciones con Breogán
y esta esquina donde venden flores
dice Aristóteles que una golondrina no hace verano
si es de las que saben volar
no sé

lleva el gorrión en sus ojos la dignidad del árbol
sin ruido que enturbie tu dibujo
la luz casi infinita si es de noche
te envío lunas llenas

Tú tienes un jazmín en el pecho
y los supervisores de sueños andan dormidos
si nunca han visto una flor
lo tibio cansa y aburre como un helecho de plástico

tú aprendiste el camino del jacinto
su florecer lento y explosivo
el salto temprano
lo que enseña dormir con libros y perros

vuelan los gorriones sin seguir mandato alguno
llevas manojos de llaves en cada rizo
y eres luz en el gris de las instancias

hoy planté azucenas para vosotros

Días que primero abres los ojos y luego te despiertas
escribí en presente
eso es remover la tierra antes de sembrar
como el marinero que trae en los brazos el mecer
[de las olas
y acuna el aliento de un niño

este febrero se nos ha vuelto a morir Machado
fisuras por las que perdemos vida
la jirafa de Byron llora en Venecia
escuece
como aquello que te sabías y no entró en el examen
los que tragaron meconio al nacer
tantas palabras esperándoles

las cosas que escribimos no se mueren
el verano eterno de las niñas
la lluvia en el último faro del Cantábrico
dice Gamoneda que los perros son amarillos
y que los mirlos siempre brincan tres veces
eso es ciencia
cuando la piel ya no te defiende y al poema le suenan
[las tripas

vivir en el grito
es quitarle al grito su fuerza
el tiempo detenido entre paredes
el tic-tac de las flores
ese olor a nuevo de un recién nacido
puedo sentir un óvulo cayendo por dentro
de pequeños todos los niños deberían hablar francés
y escribir en pijama un tratado sobre puntas de nariz

apenas un trozo de cielo
si la piel ya no es frontera

un mastín ronca a mi lado
y el mundo parece calmarse
tan de noche

El barco de papel que construiste
y ese perro de tres patas
cuando la luna es joven

alguien lleva un narval en su camiseta
si libre
no necesitas la palabra libertad

los sabios inventan una ballena que quiere ser marinero

ponerme siempre del lado de las brujas
dejar que entre tú y yo
campe a sus anchas el océano Atlántico

¿es eso un acto de amor?

esperas

que el lagarto y la lagarta sonrían
y arrojas
la carga por la borda
sin tempestad alguna

Como soporta un río el estiaje
girasoles al servicio del futuro
a veces pasa
no siempre
pero pasa a veces
dejar que el sol se vaya

quién es el dueño del libre albedrío
parámetros donde pastan ovejas
deshaces un nudo
los días que el espejo no trabaja
existen los anfibios
las fábricas de antimateria
el hombre de Vitruvio comiendo un flan

es triste un cerebro huero
estiran la goma donde duermen las palabras
llegas tarde a la cuarta dimensión
no le eches la culpa al guante

Lo que sostiene la velocidad
eclipse de tarde junto al fuego
el olor a cafetera en la cocina de la infancia
los raperos que van a la cárcel
no como su abuelo
si ocupan tu casa
tú sabes lo que vale un contenedor
y me crece la náusea cada día
amanece y es mentira
no te creas nada de los últimos diez siglos
la mirada de un perro sí

Y llega el día en que echan al que hizo la lista de
                                        [despedidos
antes de que los caballos se vayan
dibujas fronteras
querrías domar al azar
en lo discontinuo también la presencia cuando no
tu qué
apolínea o dionisíaca
leer diccionarios
los templos donde viven macacos
las siempre ganas de nieve

Hay raíces que no cubre la tierra
en casas vestidas de fantasmas
se escribían a mano largas novelas

está el que todo tumbado y el que besa en escorzo

cuando te falta piel
la equidistancia es un cuento chino

sueño que pasan nubes haciendo un ruido como
                                        [de coche
las cigüeñas se asoman a la ventana
encuentran tuercas
la gente que muere en una curva
Berlanga eligiendo pueblo
me pregunto cosas sencillas

cómo se llamará a las cabras mitad blanca-mitad negras
asuntos así

La manera en que los versos vienen a nosotros
esas ideas que son solo intermediarias
no hay que entender un bosque
la lluvia ligera
con desgana se lleva la nieve
quizá en otro papel
alguien escribe estas mismas letras
pasar la tarde en la poesía
cuesta volver

hay palabras que te destiñen el poema todo
las nubes
fuera de contexto
ven llegar maletas llenas de libros

abrir el poema
extraer la ausencia

Hay geógrafos que dibujan mal y toman café con leche
ya nadie se tira a la piscina
comentan a mi lado

ya esos ojos que no me ven
la lotería del rayo de sol
las camelias
las bicicletas dormidas junto a edificios de piedra
han visto tu luz
alzaste un libro

guardar esa silueta como el tesoro que es

Suena en la estación abandonada el tintineo de llaves
sé montaña que muchas noches no duermes
qué bien que olvidamos cerrar las ventanas
la ternura del gigoló octogenario
entrar al mar pensando que vas a convertirte en pez
por qué no
el mundo ha puesto ruedas a todas las islas
no sé qué verán los otros
yo veo siempre a las amapolas alzando el puño
gaviotas de guardia en todos los puertos
aunque llueva
si el micrófono falla siempre tu voz
el tornillo infinito prensa los días
al pastor se le achicharra el cerebro
a veces me tumbo en alguna playa
y pasa
es como estar hecha de arena

Mirarme en el espejo
con la luz apagada
un niño sonríe
no tiene partitura pero aprende
la canción de la fragua
traducir del castellano al castellano

seres nómadas que tropiezan con la realidad
me pregunto si el amor viaja en línea recta
los que han cantado juntos
la vida interrumpida en agua limpia
cuando entra feliz el aire en los pulmones
aún sin alas
eres pájaro
el sustento
la alegría del río cuando llueve

Un camión lleno de yogures LARSA cruza Castilla
mira cómo dos urracas juegan al sol

Muchísima chatarra vale un dineral
así los parias
delante de la pizarra digo cosas como podríamos
                     [dividir el mundo en triángulos
y alguien levanta sus cejas

una niña sin playa ni cometa
que ataba hilos en las patitas de los gorriones
cuánto se aburre una campana
los peces sin párpados
su soñar de ojos abiertos
la luz que te hace cambiar el rumbo
las gafas de bucear graduadas
el olor a herrumbre de los colegios en verano

porque es difícil elegir qué vas a poner en el escaparate
es pronto para la grieta
pero ya merodea en el aljibe

Menos mal que nos quedan contradicciones
y no hablo de tormentas de gallinas
la cicatriz de una sonrisa
esos sueños anémicos posados en cualquier sofá
madres que cogen aire
y sumergen la cabeza en el gallo de las veletas

parecía que la bobina de hilo no fuera a acabarse nunca
el lugar del enigma no cabe en tus mapas
van las amazonas al mercadillo a comprar la fruta
hay un paso canadiense en las puertas del infierno
exvotos
intemperies
recuerdos de familia
la dueña de la tijera corta cuando quiere
si hubiera flores pobres
serían amarillas

La realidad se dispara
los que saben escribir música
el cielo
si vives en tantos países de dónde vas a ser
nos tumbábamos bajo un faro
tú dibujabas

esa espera juntos lleva migajas de luna en los bolsillos
la belleza de aquellos silencios
lo que grita un camello a la duna
en los pozos el agua tiembla
queda en la arena
el recuerdo del mar primero

Las nieblas que bajan a los valles
el prodigio de una niñez de aldea
es la música una melodía sobre otra
intenta eso en el poema
hay frutales que miden medio metro
sonámbulas que llevan un oso panda en la cabeza
y pintan falditas a las casas
pero se apaga la tele si el canario se pone a cantar
en medio metro de agua puede ahogarse un niño
los molinos en lo alto del cerro
ven talar árboles con nidos
como cuando en un documental de ñus se cruza una
                                              [cebra
así
plantaron una parra en un caldero

Tenía los ojos verdes y yo no
no como él
otro verde
menos verde
me da alegría cuando alguien no pierde el autobús
olvido los años que tengo
hago la resta en mi cabeza salen muchos la verdad
                              [creía que tenía menos

un corzo en mitad de un camino
aceptar la tristeza como un amanecer nuevo
cada manzana comió su flor
me río de los que quieren ser dueños del humo
si el invierno te pilla en manga corta
descolocar el tablero
y que ganen los que iban últimos

nada de esto le interesa al poema
que hace rato marchó con ese centauro que toca
                              [el violín

Agradecimientos

Gorrión magnífico pertenece a Irene porque fue el día de su graduación en la Universidad Carlos III cuando pude escuchar palabras parecidas a estas.

Por qué voy olvidando tu cara si aún recuerdo la tabla periódica comienza siendo un recuerdo a mi padre, pero su final me lleva siempre a Jose, no conozco a nadie tan feliz con un trozo de pan en las manos.

Sólo tú me regalas piedras es un agradecimiento mínimo a quien durante años llenó mis bolsillos de tesoros.

Dónde se quedó lo que no te dije es para mi padre, está escrito en una de nuestras conversaciones nocturnas.

Carpe Diem fue escrito a Eli y a Irene durante su adolescencia.

Ayer se te cayó tu primer diente está dedicado a Mario y al ratoncito Pérez que tanto trabajó en vuestras bocas.

Migraciones es para Jose que viaja conmigo hace siglos a los territorios de flores azules.

Siempre que leo *Privatizaron la risa* recuerdo a Eli con sus trenzas al viento por los campos de baloncesto.

Poesía fanerógama es el jardín que me regaló unos días con Juan Carlos Mestre y su poesía. Gracias por tantas enseñanzas vitales y poéticas.

Dedicarle *Madre o mar* a mi madre aclara que siempre elegiría madre.

Un encuentro de libélulas es para Mario y para el mandarino que plantó.

El poemario *Rojo amapola* está dedicado a mi abuelo Dionisio y a su aliento siempre rojo. También a todas las personas que desde la Asociación para la Recuperación de la Memoria Histórica (ARMH) trabajan para restaurar la dignidad de este país.

El afilador suena es para Eli que continúa la estirpe de maestras y es amor en las aulas.

La ballena salta si tú no estás en la playa mirando es para Irene que me llevó a Moscú en sus ojos.

Adiós mamut es un poema para Mario con el que comparto cueva y noches de linterna y caracoles. Hay varios poemas más que se hilvanan de sus rizos a los míos.

Escribir poemas sin leerte el diccionario entero es para la pandilla de Divagantes que desde hace tantos años crecemos en el Centro de Poesía José Hierro. Mi vida es mucho más hermosa con vosotros. Gracias por tanta risa y tantos lunes maravillosos.

Todo lo que el agua mece es para las Sinsombrero del Tormes, amigas queridas con las que he compartido río y estrellas.

Nota

Algunos de los poemas que componen esta poesía reunida tienen estos orígenes:

Yo también un poco (Edicions 96). Premio de Poesía Marc Granell 2010

Violines y panderetas. Premios Marcos Pavón 2011

Puentes de cartón. (Entricíclopes 2015)

El hueso de un albaricoque. XVIII Premio Internacional de Poesía Ciudad de Ronda 2018

Cien cigüeñas. Premio Ciudad de Alcalá de Poesía 2019

ÍNDICE

PUENTES DE CARTÓN
(2014)

EL HUESO DE UN ALBARICOQUE
(2017)

CIEN CIGÜEÑAS
(2019)

La presente edición de *Cien cigüeñas,*
de Susana Obrero, se terminó de imprimir
el día 4 de marzo, aniversario del fallecimiento
del poeta y ensayista francés Antonin Artaud.
Esta edición consta de trescientos (300) ejemplares
numerados, de los que el presente hace el número

126

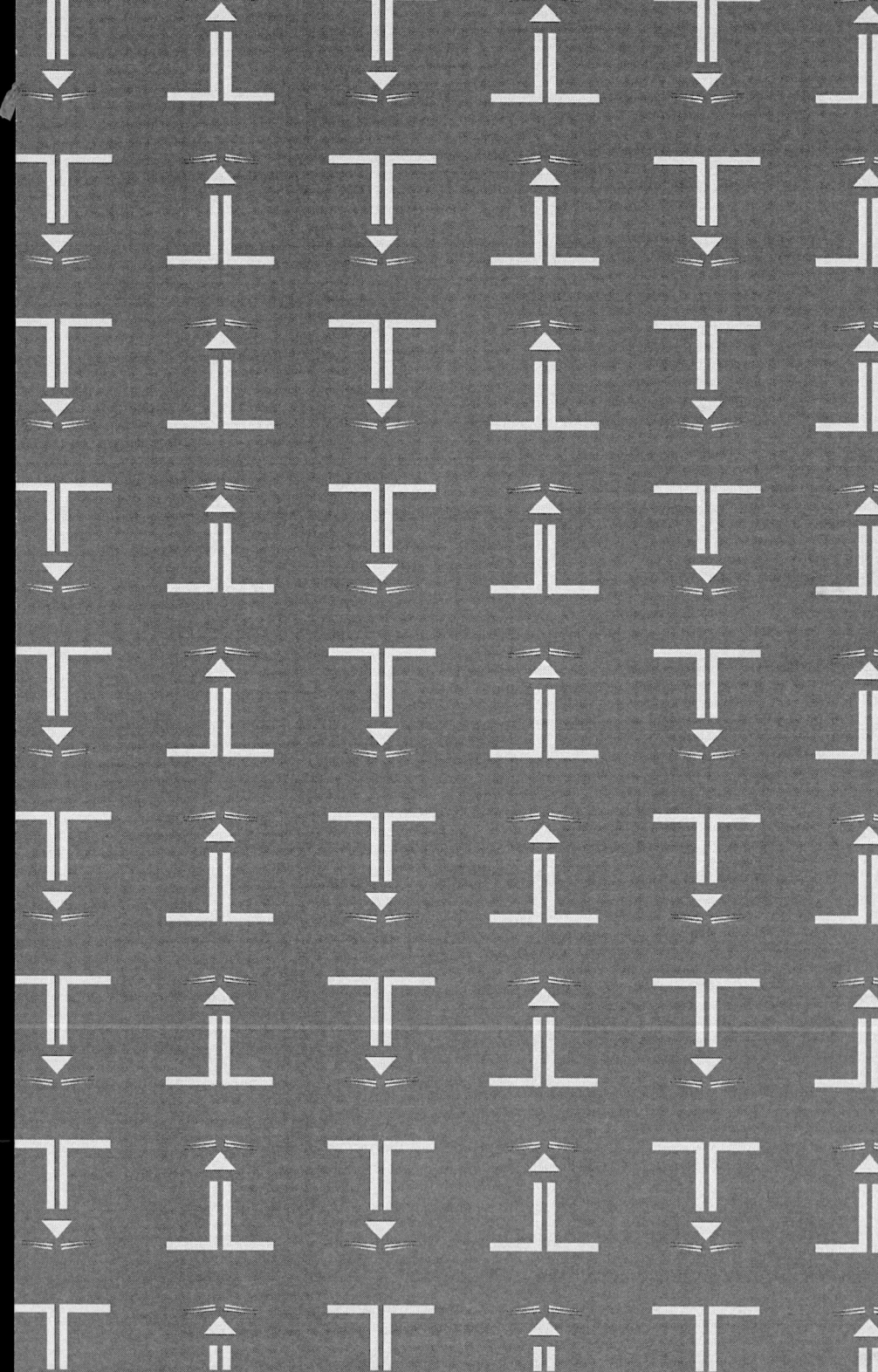